école - chikoro	2
voyage - rwendo	5
transport - zvifambiso	8
ville - guta	10
paysage - mamiriro akaita nzvimbo	14
restaurant - resitorendi	17
supermarché - supamaketi	20
boissons - zvekunwa	22
alimentation - zvekudya	23
ferme - purazi	27
maison - imba	31
salon - imba yekutandarira	33
cuisine - kicheni	35
salle de bain - mekugezera	38
chambre d'enfant - imba yemwana	42
vêtements - zvipfeko	44
bureau - hofisi	49
économie - mamiriro eupfumi	51
professions - mabasa	53
outils - maturusi	56
instruments de musique - zviridzwa	57
zoo - munochengeterwa mhuka	59
sports - mitambo	62
activités - mabasa	63
famille - mhuri	67
corps - muviri	68
hôpital - chipatara	72
urgence - zvekukurumidza	76
terre - Nyika	77
...heure(s) - wachi	79
semaine - vhiki	80
année - gore	81
formes - mashepu	83
couleurs - mavara	84
oppositions - misiyano	85
nombres - manhamba	88
langues - mitauro	90
qui / quoi / comment - ani / chii / sei	91
où - papi	92

Impressum
Verlag: BABADADA GmbH, Nedderfeld 112 , 22529 Hamburg
Geschäftsführer / Verlagsleitung: Harald Hof
Druck: Books on Demand GmbH, In de Tarpen 42, 22848 Norderstedt

Imprint
Publisher: BABADADA GmbH, Nedderfeld 112 , 22529 Hamburg, Germany
Managing Director / Publishing direction: Harald Hof
Print: Books on Demand GmbH, In de Tarpen 42, 22848 Norderstedt

école

chikoro

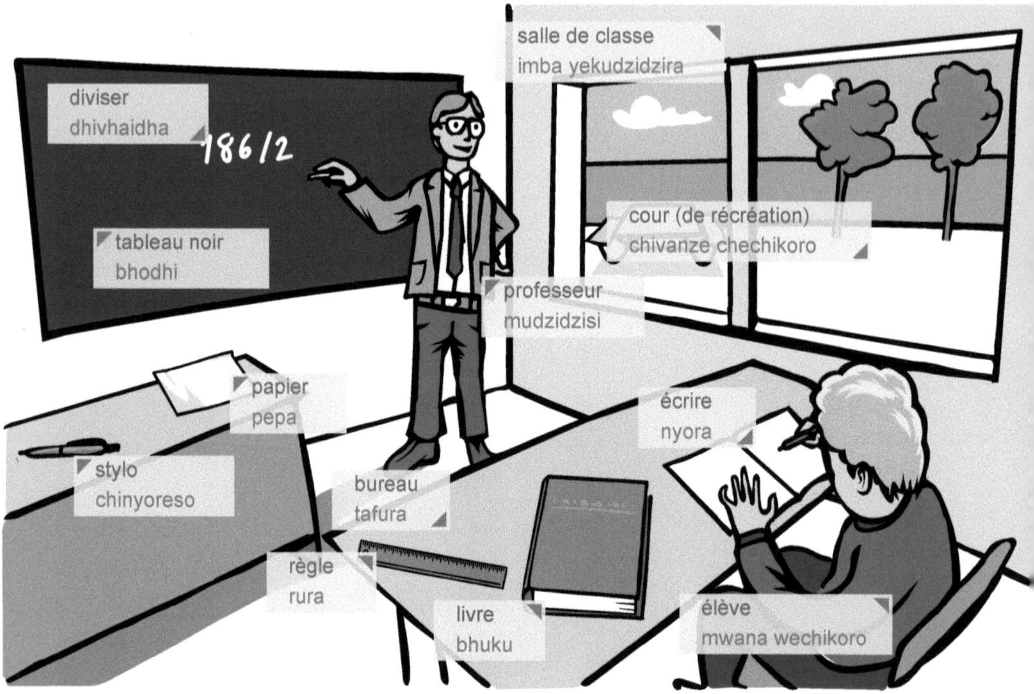

salle de classe
imba yekudzidzira

diviser
dhivhaidha

186/2

tableau noir
bhodhi

cour (de récréation)
chivanze chechikoro

professeur
mudzidzisi

papier
pepa

écrire
nyora

stylo
chinyoreso

bureau
tafura

règle
rura

livre
bhuku

élève
mwana wechikoro

cartable

bhegi

trousse

chekuchengetera
mapenzura

crayon

penzura

taille-crayon

chekurodzesa mapenzura

gomme

rabha

carnet à dessin

bhuku rekudhirowera
mifananidzo

dessin

mufananidzo
wakadhirowewa

pinceau

bhurasho rekupendesa

boîte de peinture

bhokisi rependi

ciseaux

chigero

colle

guruu

cahier d'exercices

bhuku rekunyorera

devoirs

basa rinoitirwa kumba

12

chiffre

nhamba

2+2

additionner

sanganisa

5-2

soustraire

bvisa

2×2

multiplier

wanziridza

calculer

kakureta

A

lettre

bhii

**ABCDEFG
HIJKLMN
OPQRSTU
VWXYZ**

alphabet

arufabheti

hello

mot

shoko

texte

mashoko

lire

kuverenga

craie

choko

leçon

chidzidzo

livre de classe

bhuku remazita

examen

bvunzo

certificat

setifiketi

uniforme scolaire

yunifomu yekuchikoro

formation

dzidzo

lexique

encyclopedia

université

yunivhesiti

microscope

maikorosikopu

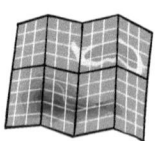

carte

mepu

corbeille à papier

bhini remapepa

voyage
rwendo

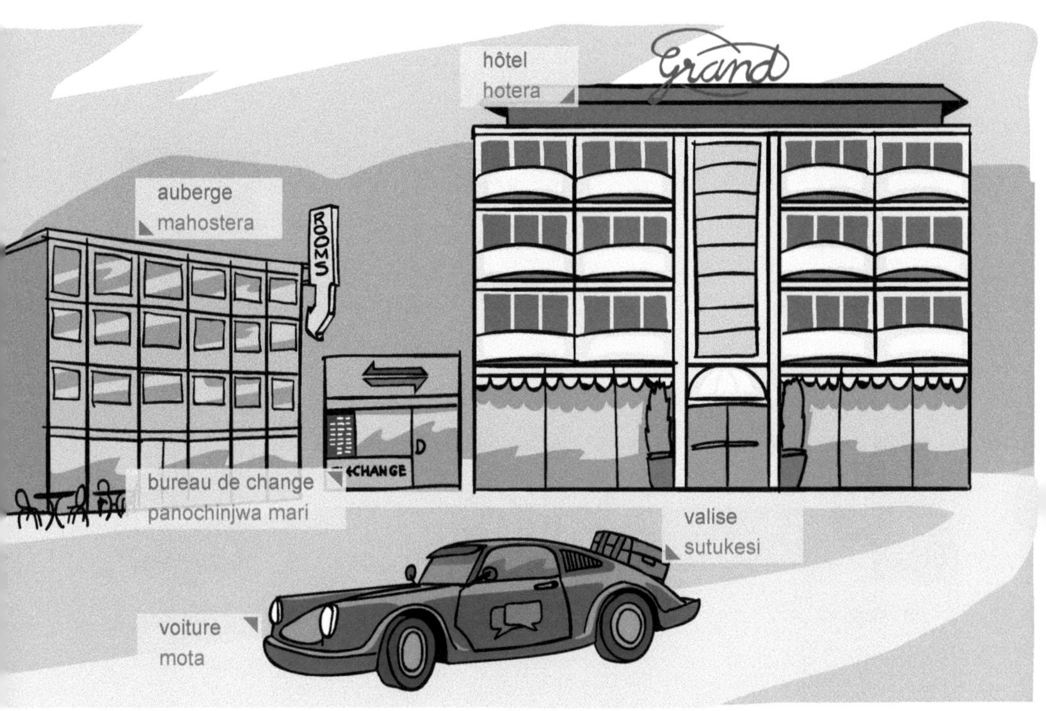
hôtel
hotera
Grand
auberge
mahostera
ROOMS
bureau de change
panochinjwa mari
valise
sutukesi
voiture
mota

langue
mutauro

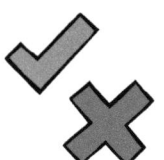

oui / non
hongu / kwete

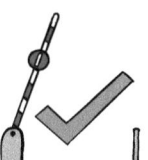

d'accord
Zvakanaka

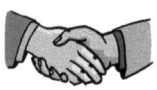

Salut
hesi

interprète
mushanduri

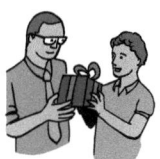

merci
Mazvita

Combien coûte...?

Imarii… ?

Je ne comprends pas

Handisi kunzwisisa

problème

dambudziko

Bonsoir !

Manheru!

Bonjour !

Mangwanani!

Bonne nuit !

Murare zvakanaka

Au revoir

toonana

direction

mafambiro

bagages

katundu

sac

bhegi

sac-à-dos

bhegi rekumusana

hôte

muenzi

pièce

imba

sac de couchage

bhegi rekurarira

tente

tendi

office de tourisme

mashoko evafambi

plage

mahombekombe

carte de crédit

kadhi rekubhengi

petit-déjeuner

kudya kwemangwanani

déjeuner

kudya kwemasikati

dîner

kudya kwemanheru

billet

tiketi

ascenseur

chikwidzo

timbre

chitambi

frontière

muganhu

douane

vanoona nezvekupinda
munyika

ambassade

vamiririri venyika

visa

vhiza

passeport

pasipoti

transport

zvifambiso

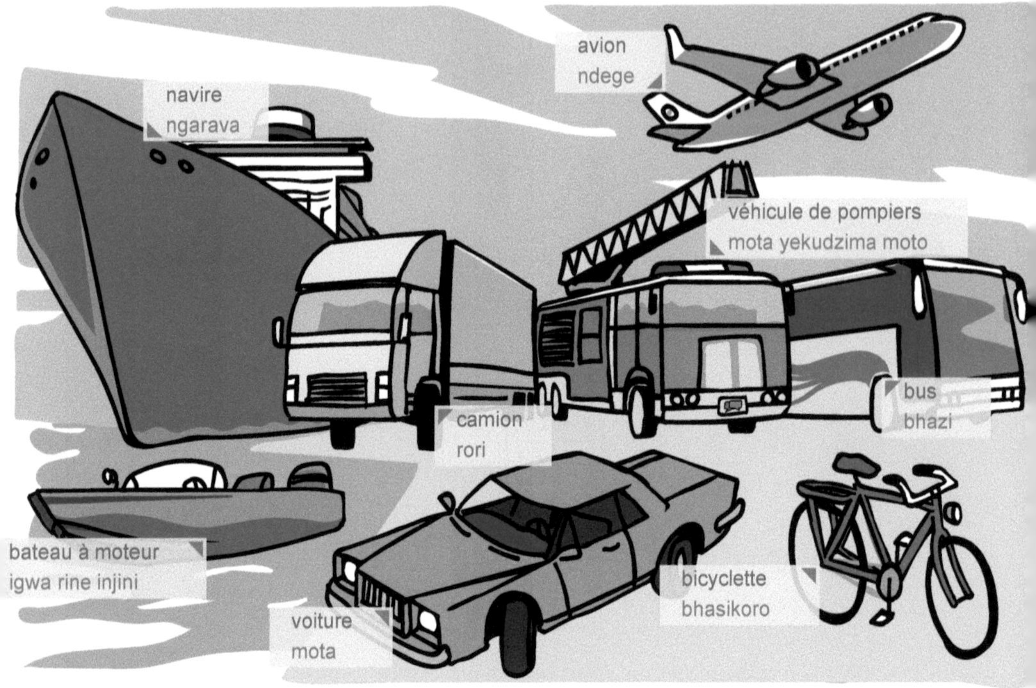

avion
ndege
navire
ngarava
véhicule de pompiers
mota yekudzima moto
bus
bhazi
camion
rori
bateau à moteur
igwa rine injini
bicyclette
bhasikoro
voiture
mota

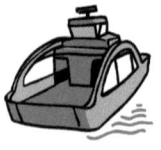

ferry

igwa

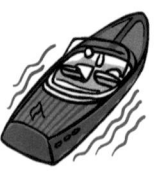

barque

igwa

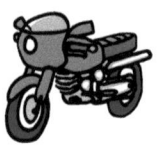

moto

mudhudhudhu

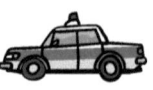

voiture de police

mota yemapurisa

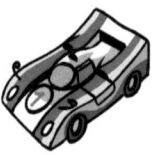

voiture de course

mota yemujaho

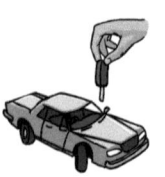

voiture de location

mota yekuhaya

auto-partage

kuhaya mota

voiture de remorquage

mota inodhonza dzinenge dzafa

benne à ordures

mota yemabhini

moteur

injini

essence

mafuta

station d'essence

garaji remafuta

panneau indicateur

chikwangwani chemumugwagwa

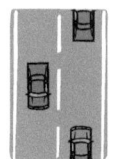

trafic

mota

embouteillage

mota dzakawandisa

parking

panopakwa mota

gare

chiteshi chezvitima

rails

njanji

train

chitima

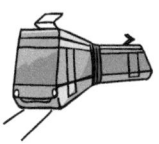

tramway

tram

wagon

chitima

hélicoptère

chikopokopo

aéroport

nhandare yendege

tour

nharire

passager

mufambi

conteneur

chikondena

carton

kadhibhodhi bhokisi

chariot

ngoro

corbeille

bhasiketi

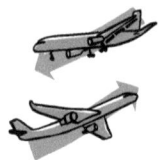

décoller / atterrir

simuka / mhara

ville

guta

village

musha

centre-ville

pakati peguta

maison

imba

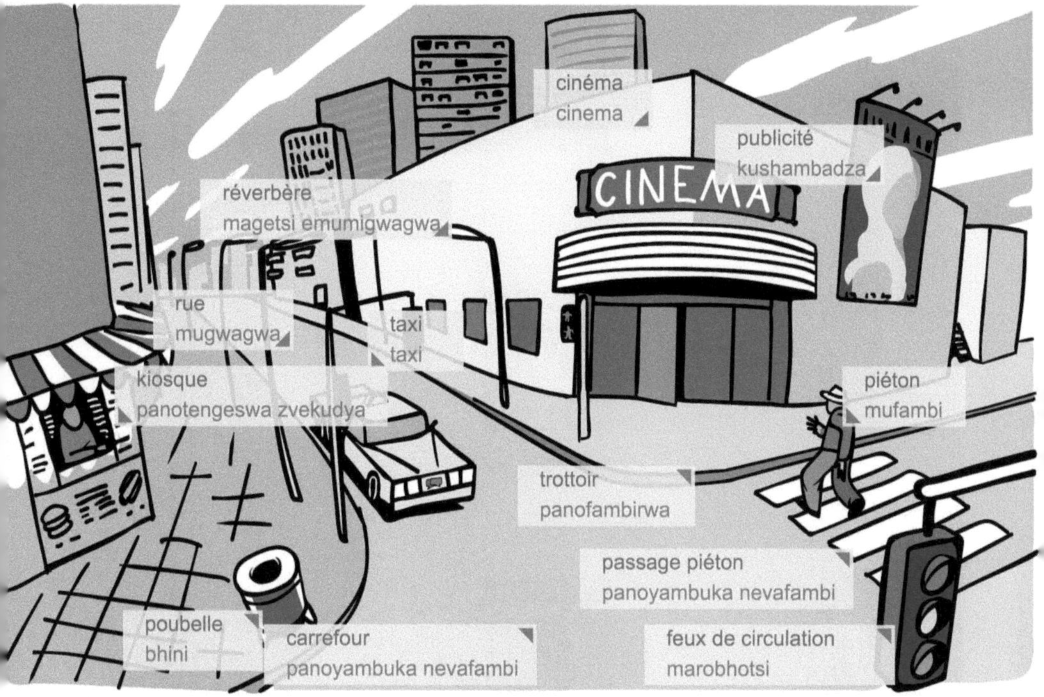

cinéma
cinema

publicité
kushambadza

réverbère
magetsi emumigwagwa

CINEMA

rue
mugwagwa

taxi
taxi

kiosque
panotengeswa zvekudya

piéton
mufambi

trottoir
panofambirwa

passage piéton
panoyambuka nevafambi

poubelle
bhini

carrefour
panoyambuka nevafambi

feux de circulation
marobhotsi

cabane
imba

appartement
mafurati

gare
chiteshi chezvitima

mairie
imba yeguta

musée
muziyamu

école
chikoro

université

yunivhesiti

banque

bhengi

hôpital

chipatara

hôtel

hotera

pharmacie

panotengeswa mishonga

bureau

hofisi

librairie

chitoro chemabhuku

magasin

chitoro

fleuriste

panotengeswa maruva

supermarché

supamaketi

marché

musika

grand magasin

chitoro chine
madhipatimendi

poissonnerie

panotengeswa hove

centre commercial

nzimbo ine zvitoro

port

chiteshi chengarava

parc
paki

banque
bhenji

pont
bhiriji

escaliers
masitepisi

métro
nzira inoenda nepasi

tunnel
mugwagwa wepasi

arrêt de bus
panokwirirwa mabhazi

bar
bhawa

restaurant
resitorendi

boîte à lettres
bhokisi retsamba

panneau indicateur
chikwangwani
chemugwagwa

parcmètre
mita yekupaka

zoo
munochengeterwa mhuka

piscine
kunotuhwinirwa

mosquée
mosque

ferme

purazi

pollution

kusvibisa

cimetière

kumakuva

église

chechi

aire de jeux

pekutambira

temple

temberi

paysage
mamiriro akaita nzvimbo

feuille
shizha

panneau indicateur
chikwangwani

chemin
nzira

pré
mafuro

pierre
dombo

randonneur
mufambi

arbre
muti

rivière
rwizi

herbe
uswa

fleur
ruva

vallée

mupata

montagne

gomo

lac

dhamu

forêt

sango

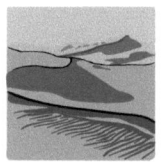

désert

gwenga

volcan

chikwatamabwe

château

zimba

arc-en-ciel

muraraungu

champignon

hohwa

palmier

muchindwe

moustique

umhutu

mouche

nhunzi

fourmis

svosve

abeille

nyuchi

araignée

buve

coléoptère

chipembenene

grenouille

datya

écureuil

tsindi

hérisson

nungu

lièvre

tsuro

chouette

zizi

oiseau

shiri

cygne

swan

sanglier

nguruve yemusango

cerf

nondo

élan

moose

barrage

dhamu

éolienne

injini yemhepo

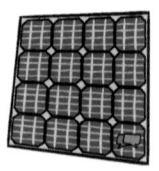

panneau solaire

panero rezuva

climat

mamiriro ekunze

serveur
hweta

menu
menyu

chaise
cheya

soupe
supu

pizza
pitsa

couverts
zvekushandisa pakudya

nappe
jira repatebhuru

hors d'œuvre
zvekusosa nzara

plat principal
zvekudya

dessert
zvekuseredzera

boissons
zvekunwa

alimentation
zvekudya

bouteille
bhodhoro

fast-food

zvekudya zvisingatori nguva kubika

plats à emporter

chikafu chinotengeswa munzira

théière

tipoti

sucrier

gabha reshuga

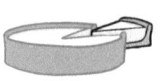

portion

chidimbu

machine à expresso

muchina wekofi

chaise haute

cheya yemwana

facture

bhiri

plateau

tureyi

couteau

banga

fourchette

forogo

cuillère

chipunu

cuillère à thé

chipunu

serviette

zvekupukutisa muromo

verre

girazi

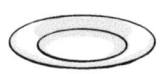

assiette

ndiro

assiette à soupe

ndiro yesupu

soucoupe

ndiro

sauce

supu

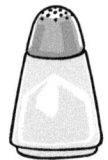

salière

chekuisira sauti

moulin à poivre

chekugaya mhiripiri

vinaigre

vhiniga

huile

mafuta

épices

masipaisi

ketchup

ketchup

moutarde

mustard

mayonnaise

mayonaizi

supermarché

supamaketi

offre promotionnelle
zvaderedzwa mitengo
FOR
client
mutengi
produits laitiers
zvinogadzirwa nemukaka
fruits
michero
chariot
chingoro

BUTCHERS

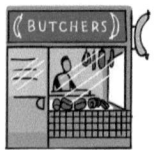

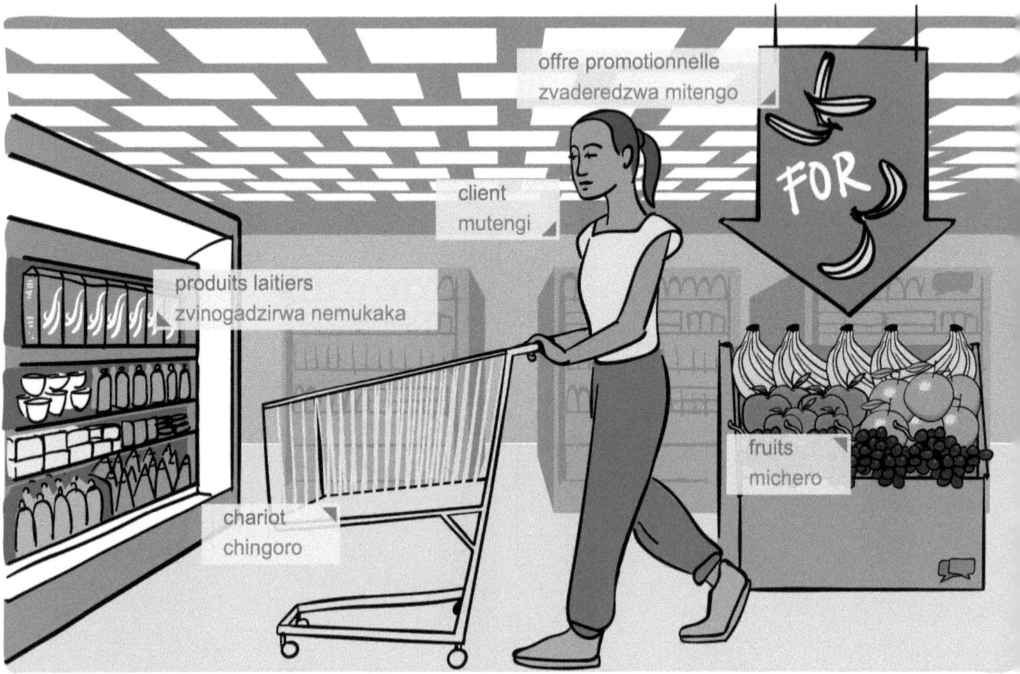

boucherie

panotengeswa nyama

BAKERY

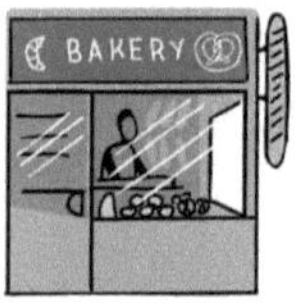

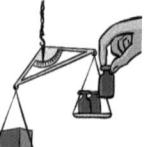

boulangerie

panotengeswa chingwa

peser

kuyera

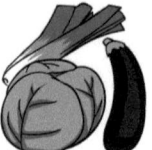

légumes

miriwo

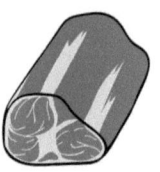

viande

nyama

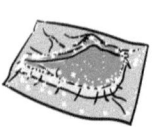

aliments surgelés

zvekudya zvakaoma nechando

charcuterie

nyama yakatonhora

conserves

zvekudya zvemugaba

poudre à lessive

sipo yeupfu yekuwachisa

bonbons

masuwiti

articles ménagers

zvekushandisa mumba

détergents

zvekuchenesa nazvo

vendeuse

mutengesi

caisse

tiru

caissier

mutengesi

liste d'achats

zviri kuda kutengwa

heures d'ouverture

nguva dzekuvhura

portefeuille

chikwama

carte de crédit

kadhi rekubhengi

sac

bhegi

sac en plastique

pepa rekuisira

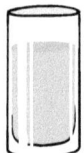

eau

mvura

jus de fruit

muto wemichero

lait

mukaka

coca

coke

vin

waini

bière

doro

alcool

doro

chocolat chaud

cocoa

thé

tii

café

kofi

expresso

kofi

cappuccino

cappuccino

banane

bhanana

pomme

apuro

orange

orenji

melon

nwiwa

citron

ndimu

carotte

karotsi

ail

gariki

bambou

mushenjere

oignon

hanyanisi

champignon

hohwa

noisettes

nzungu

pâtes

manoodle

spaghetti

spaghetti

riz

mupunga

salade

saradhi

pommes frites

machipisi

pommes de terre rôties

mbatatisi dzakafuraiwa

pizza

pitsa

hamburger

chingwa chakaruma nyama

sandwich

sangweji

escalope

nhindi

jambon

ham

salami

salami

saucisse

soseji

poulet

huku

rôti

gochwa

poisson

hove

flocons d'avoine

bota reoats

muesli

muesli

cornflakes

macornflake

farine

furawa

croissant

croissant

petits-pains

chingwa

pain

chingwa

pain grillé

chingwa chakagochwa

biscuits

mabhisikiti

beurre

bhata

le fromage blanc

ige

gâteau

keke

œuf

zai

œuf au plat

zai rakafuraiwa

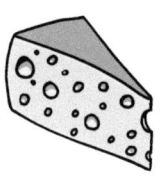

fromage

chizi

glace

aizikirimu

sucre

shuga

miel

huchi

confiture

jemu

crème nougat

chocolate yekuzora

curry

curry

ferme
purazi

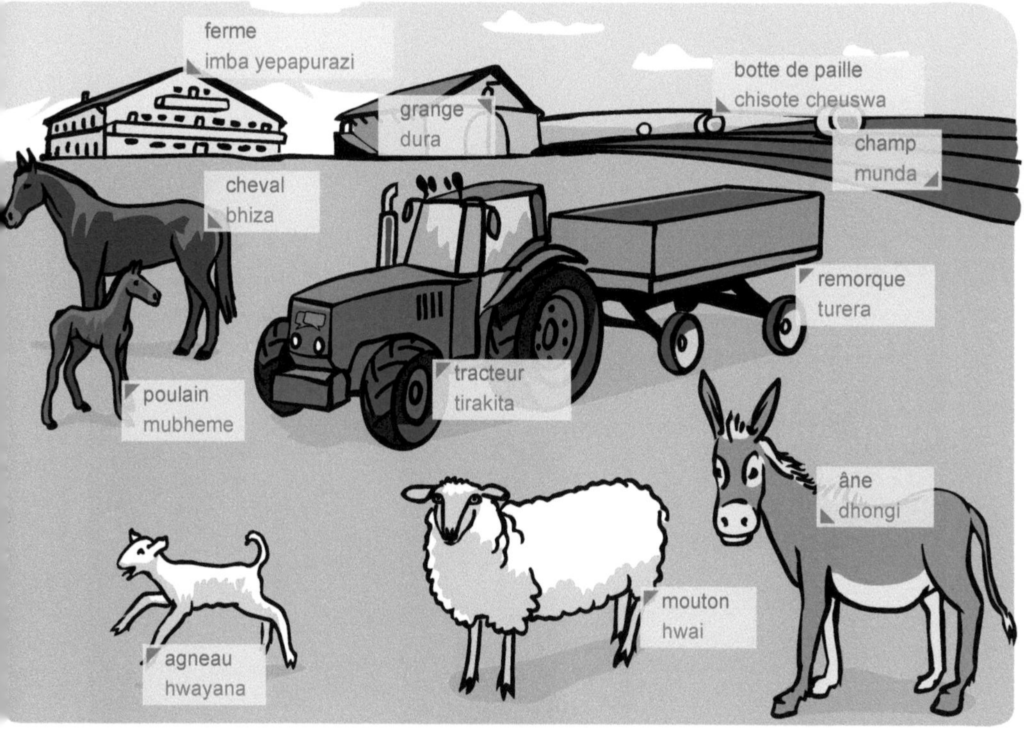
ferme
imba yepapurazi
grange
dura
botte de paille
chisote cheuswa
champ
munda
cheval
bhiza
remorque
turera
tracteur
tirakita
poulain
mubheme
âne
dhongi
mouton
hwai
agneau
hwayana

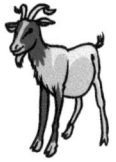

chèvre

mbudzi

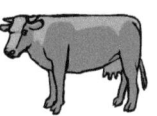

vache

mhou

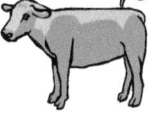

veau

mhuru

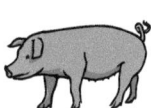

porc

nguruve

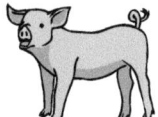

porcelet

chigwi

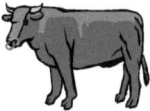

taureau

bhuru

oie
dhadha

canard
dhakisi

poussin
nhiyo

poule
tseketsa

coq
jongwe

rat
gonzo

chat
katsi

souris
mbeva

bœuf
dhonza

chien
imbwa

chenil
imba yembwa

tuyau de jardin
pombi yemvura

arrosoir
keni yekudiridzisa

faucheuse
jeko

charrue
gejo

faucille

jeko

pioche

badza

fourche

forogo

hache

demo

brouette

bhara

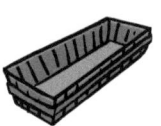

cuve

chidyiro

pot à lait

bhodhoro remukaka

sac

saga

clôture

fenzi

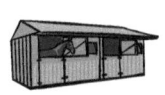

étable

danga

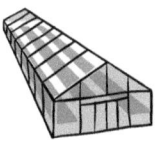

serre

greenhouse

sol

ivhu

semences

mbeu

engrais

fetereza

moissonneuse-batteuse

mota yekukohwesa

récolter

kukohwa

récolte

gohwo

igname

mbatatisi

blé

gorosi

soja

soya

pomme de terre

mbatatisi

maïs

chibage

colza

rapeseed

arbre fruitier

muti wemichero

manioc

mufarinya

céréales

mbesa

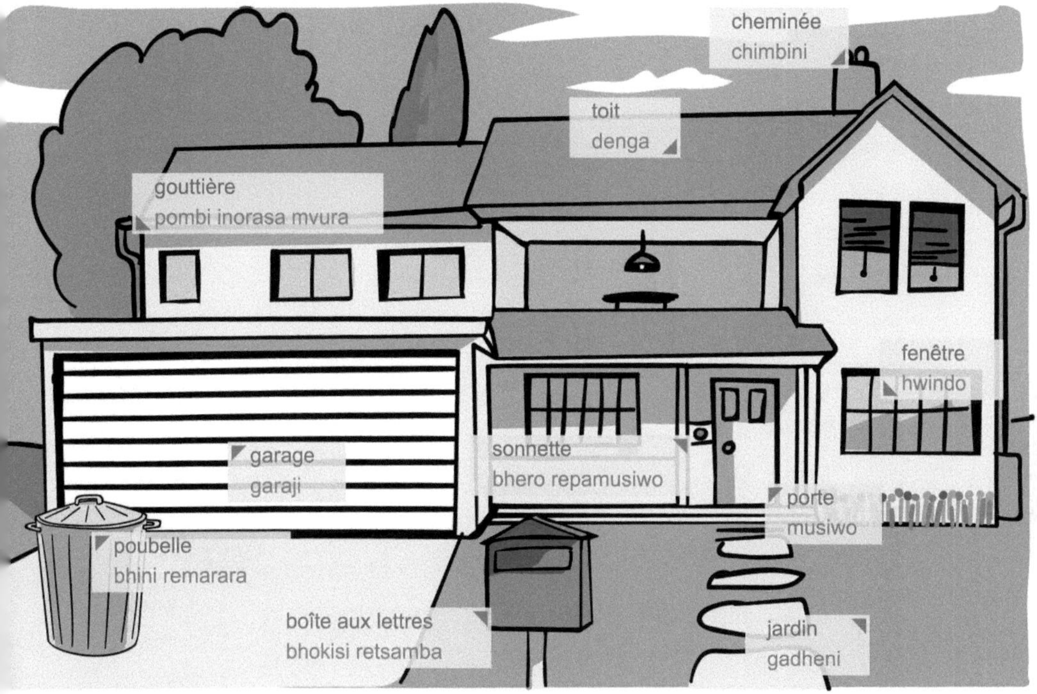

cheminée
chimbini

toit
denga

gouttière
pombi inorasa mvura

fenêtre
hwindo

garage
garaji

sonnette
bhero repamusiwo

porte
musiwo

poubelle
bhini remarara

boîte aux lettres
bhokisi retsamba

jardin
gadheni

salon

imba yekutandarira

salle de bain

mekugezera

cuisine

kicheni

chambre à coucher

imba yekurara

chambre d'enfant

imba yemwana

salle à manger

imba yekudyira

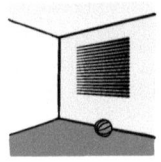

sol

uriri

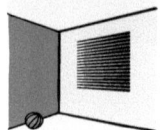

mur

madziro

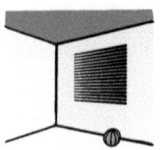

plafond

denga

cave

imba yepasi

sauna

sauna

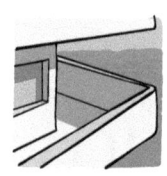

balcon

vharanda repadenga

terrasse

uriri hwepadenga

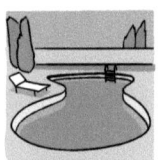

piscine

dziva rekushambira

tondeuse à gazon

muchina wekuchekesa uswa

housse

jira

couette

chekufukidza mubhedha

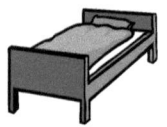

lit

mubhedha

balai

bhurumu

sceau

bhaketi

interrupteur

suwichi

salon

imba yekutandarira

papier peint
pepa remadziro
image
pikicha
lampe
rambi
étagère
sherufu
armoire
kabhati
télé
TV
cheminée
nzvimbo yemoto
fleur
ruva
coussin
kusheni
sofa
sofa
vase
vhazi
télécommande
rimoti

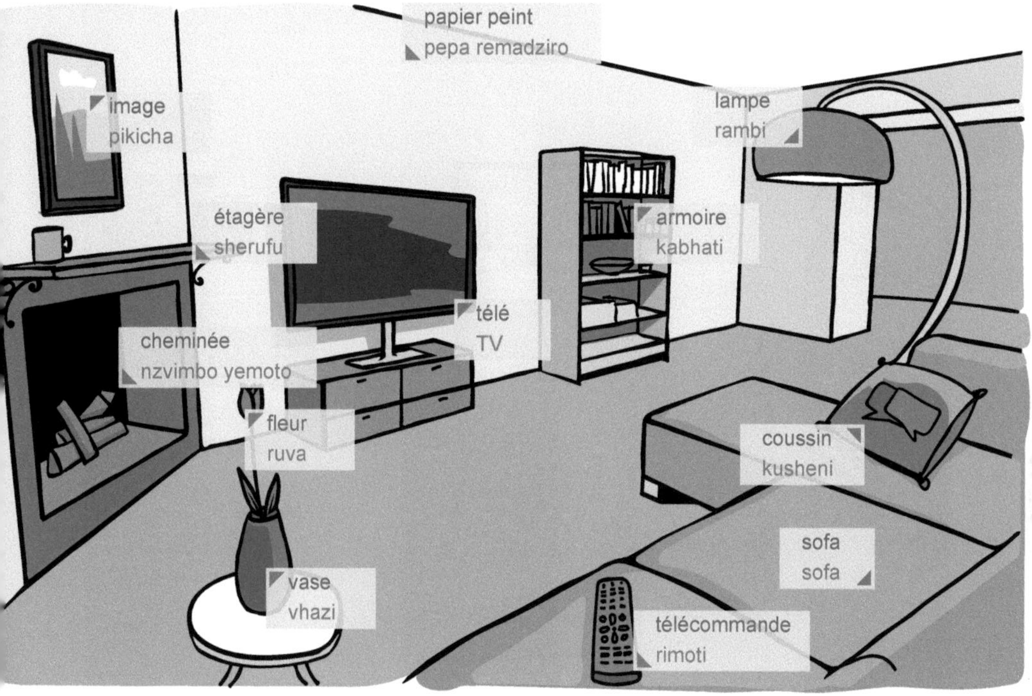

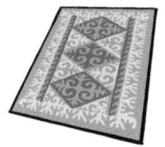

tapis

kapeti

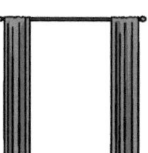

rideau

keteni

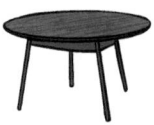

table

tebhuru

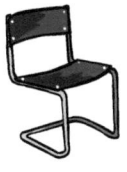

chaise

cheya

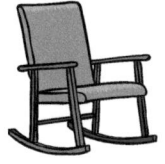

chaise à bascule

cheya inozeya

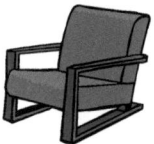

fauteuil

cheya ine pekuisa maoko

livre

bhuku

couverture

gumbeze

décoration

marongedzero

bois de chauffage

huni

film

firimu

chaîne hi-fi

redhiyo yehi-fi

clé

kii

journal

pepanhau

peinture

mufananidzo

poster

posita

radio

redhiyo

bloc-notes

pekunyorera

aspirateur

muchina wekuhuvhisa

cactus

chinanazi

bougie

kenduru

cuisine
kicheni

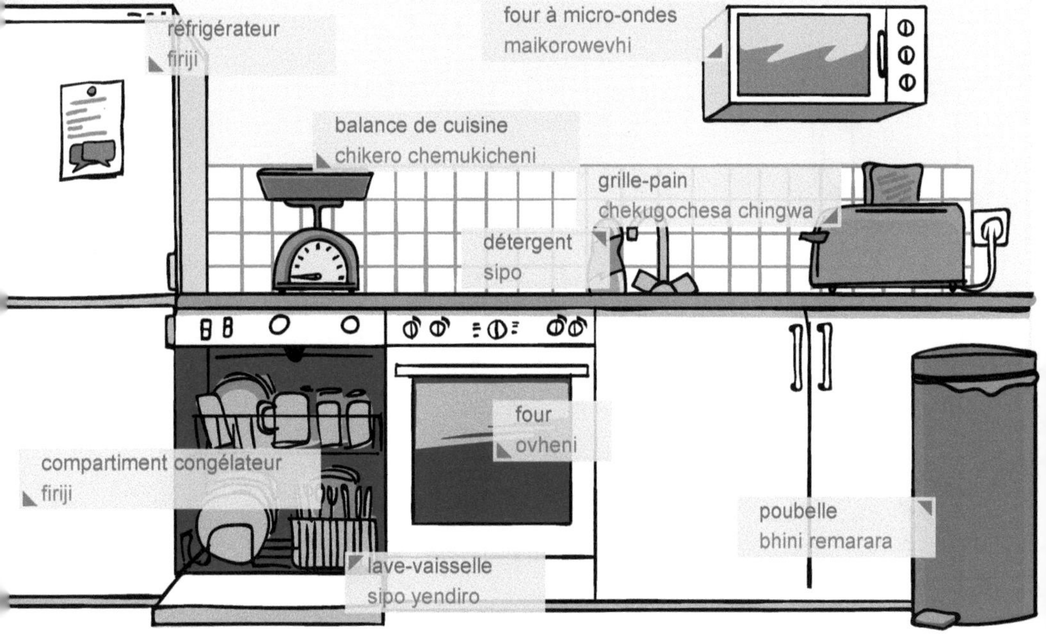
réfrigérateur
firiji
four à micro-ondes
maikorowevhi
balance de cuisine
chikero chemukicheni
grille-pain
chekugochesa chingwa
détergent
sipo
four
ovheni
compartiment congélateur
firiji
poubelle
bhini remarara
lave-vaisselle
sipo yendiro

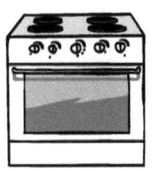

four

chitofu

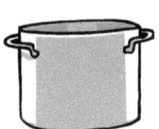

casserole

poto

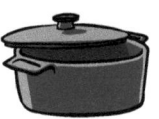

marmite

poto yesimbi

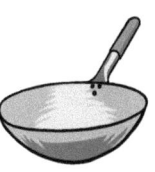

wok / kadai

wok / kadai

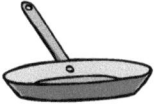

poêle

pani

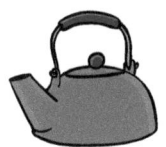

bouilloire electrique

ketero

cuiseur vapeur

chekubikisa neutsi
hwemvura

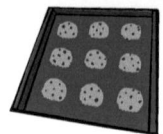

plaque de cuisson

turei yekubhekesa

vaisselle

ndiro

gobelet

kapu

coupe

dishi

baguettes

tumiti twekudyisa

louche

chipunu

spatule

chipunu

fouet

chekusanganisisa

passoire

chekukunisa

tamis

chekukunisa

râpe

chekugiretesa

mortier

duri

barbecue

chiwaya

cheminée

moto

planche à découper

chekuchekera

rouleau à pâtisserie

chekutsimbiririsa
mukanyiwa

tire-bouchon

chekuvhurisa mabhodhoro
ewaini

boîte

tini

ouvre-boîte

chekuvhurisa tini

maniques

girovhosi rekubatisa
zvinopisa

lavabo

singi

brosse

bhurasho

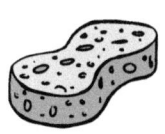

éponge

chipanji

mixeur

chinosanganisa

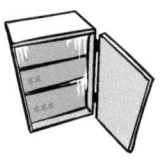

congélateur

firiji

biberon

bhodhoro remwana

robinet

pombi

salle de bain
mekugezera

douche
shawa
chauffage
chinodziisa mumba
serviette
tauro
rideau de douche
keteni remushawa
bain moussant
mvura yekugeza ine furo
baignoire
mekugezera
verre
girazi
machine à laver
muchina wekuwachisa
robinet
pombi
carrelage
mataira
pot
chipoti chemwana
lavabo
singi

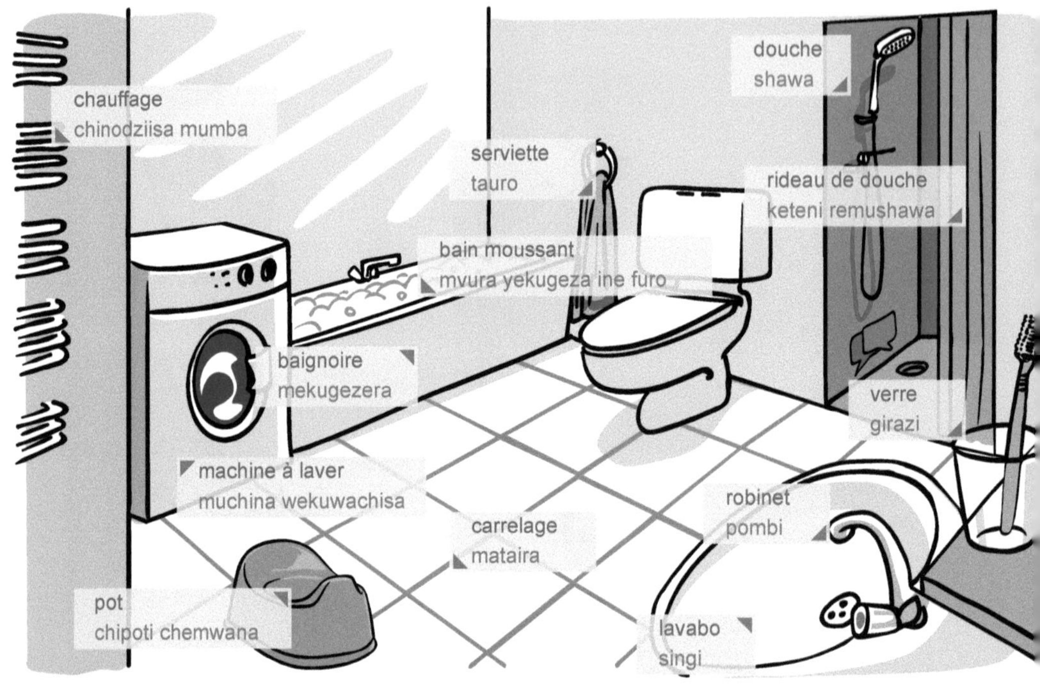

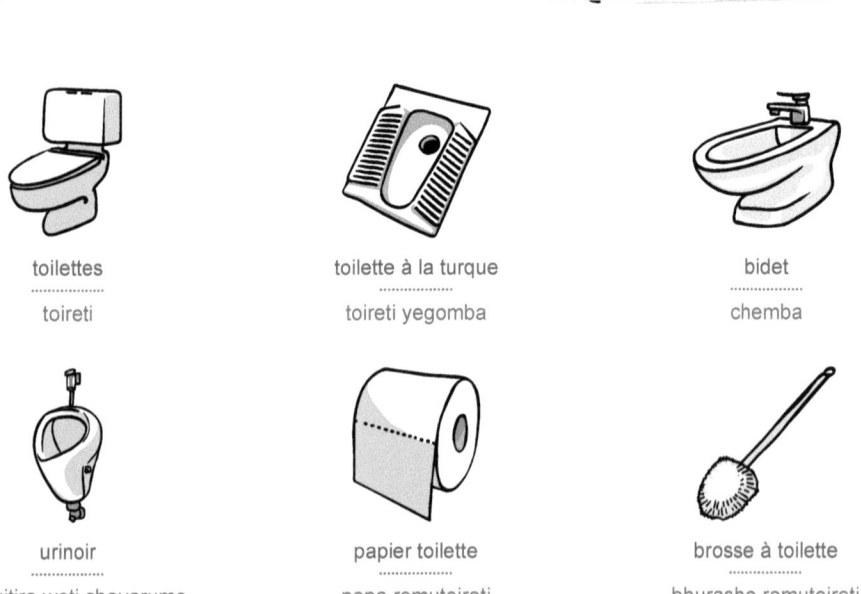

toilettes

toireti

toilette à la turque

toireti yegomba

bidet

chemba

urinoir

chekuitira weti chevarume

papier toilette

pepa remutoireti

brosse à toilette

bhurasho remutoireti

brosse à dents

bhurasho remazino

dentifrice

mushonga wemazino

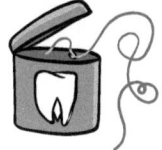

fil dentaire

tambo yekugezesa mazino

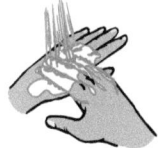

laver

kugeza

douche manuelle

shawa yekuita zvekubata

douche intime

douche

vasque

bheseni

brosse dorsale

bhurasho remusoro

savon

sipo

gel douche

sipo yekugezesa mushawa

shampooing

shambuu

gant de toilette

chekugezesa

écoulement

dhireni

crème

mafuta

déodorant

chinonhuwirira

miroir
girazi

miroir cosmétique
girazi remumaoko

rasoir
chekugeresa ndebvu

mousse à raser
furo rekugeresa ndebvu

après-rasage
mafuta ekuzora wagera
ndebvu

peigne
kamu

brosse
bhurasho

sèche-cheveux
chekuomesa bvudzi

laque pour cheveux
mushonga wekupfapfaidza
musoro

fond de teint
zvekupodesa

rouge à lèvres
chekupendesa muromo

vernis à ongles
chekupendesa nzara

ouate
donje

coupe-ongles
chigero chenzara

parfum
pefiyumu

trousse de toilette

bhegi rezvekugezesa

tabouret

chituro

pèse-personne

chikero

peignoir

bathrobe

gants de nettoyage

magirovhosi erabha

tampon

tampon

serviettes hygiéniques

pedhi

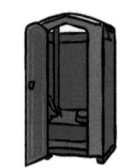

toilette chimique

toireti inotakurwa

chambre d'enfant

imba yemwana

réveil
wachi
doudou
chitoyi chekurara nacho
voiture jouet
mota yekutambisa
hochet
hosho
maison de poupée
kamba kezvidhori
cadeau
chipo

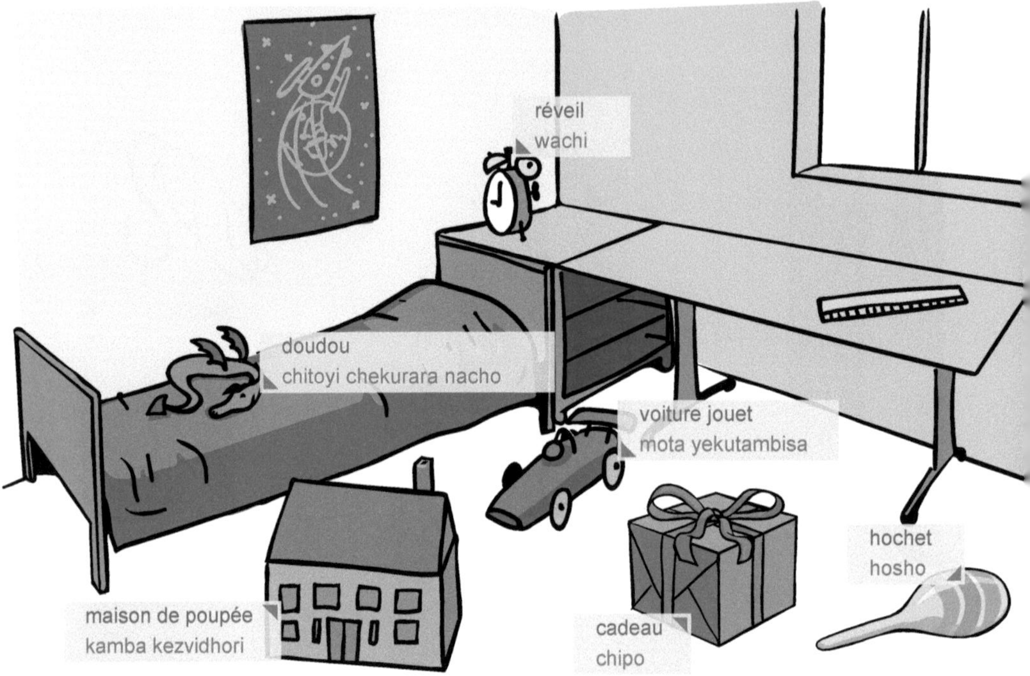

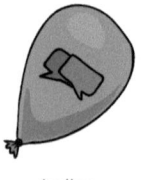

ballon

chibharuma

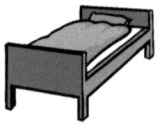

lit

mubhedha

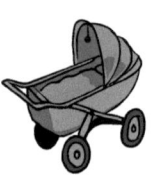

poussette

purema

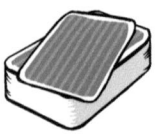

jeu de cartes

makadhi ekutamba

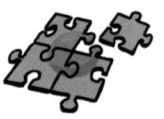

puzzle

puzzle

SUPER
MEGA

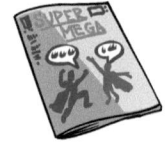

bande dessinée

makatuni ekuverenga

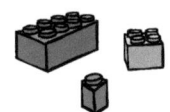

pièces lego

zvekuvakisa zvinhu

blocs de construction

mabhuroko ekuvakisa

figurine

chidhori

grenouillère

babygrow

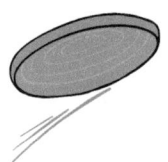

frisbee

chekutambisa uchikanda

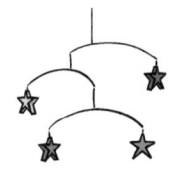

mobile

zvekuvaraidza mwana

jeu de société

gemu rinotambirwa
pabhodhi

dé

dhaisi

train miniature

zvitima zvekutambisa

sucette

chidhami

fête

mabiko

livre d'images

bhuku remapikicha

balle

bhora

poupée

chidhori

jouer

kutamba

bac à sable

majecha ekutambira

balançoire

muzeerere

jouets

zvekutambisa

console de jeu

chekutambisa magemu emavhidhiyo

tricycle

kabhasikoro kemavhiri matatu

ours en peluche

teddy bear

armoire

wadhiropu

vêtements

zvipfeko

chaussettes

masokisi

bas

masokisi

collant

matirauzi anobata muviri

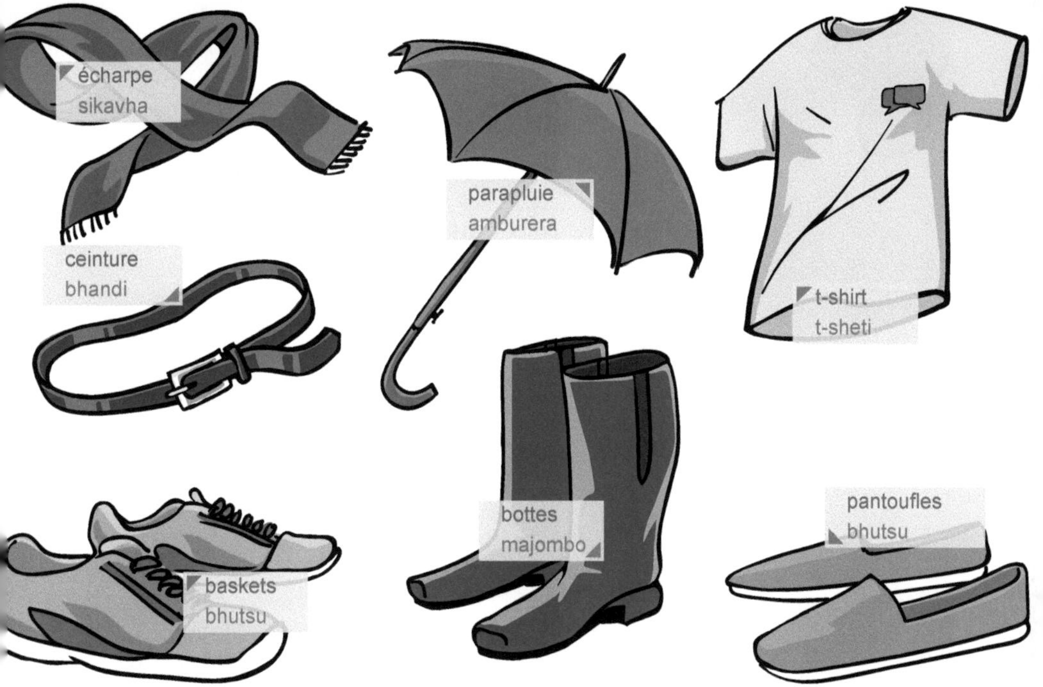

écharpe
sikavha

ceinture
bhandi

parapluie
amburera

t-shirt
t-sheti

bottes
majombo

pantoufles
bhutsu

baskets
bhutsu

sandales
....
masanduru

chaussures
....
bhutsu

bottes de caoutchouc
....
magambutsu

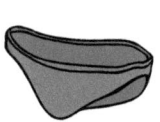
sous-vêtements
....
nduwe

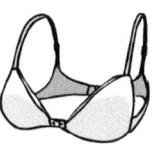
soutien-gorge
....
bhodhi

maillot de corps
....
vhesi

body

muviri

pantalon

tirauzi

jean

jini

jupe

siketi

chemisier

bhurauzi

chemise

hembe

pull

bhachi

sweat à capuche

chibhachi

veste

bhachi

veste

bhachi

manteau

jasi

imperméable

renikoti

costume

koshitomu

robe

dhirezi

robe de mariée

dhirezi remuchato

costume

sutu

chemise de nuit

hembe yekurarisa

pyjama

mapijama

sari

chari

foulard

headscarf

turban

heti

burqa

burqa

caftan

kaftan

abaya

abaya

maillot de bain

hembe yekutuhwinisa

maillot de bain

chikabudura

short

chikabudura

tenue d'entraînement

tirekisutu

tablier

apuroni

gants

magirovhosi

bouton

bhatani

lunettes

magirazi

bracelet

bhenguru

collier

chuma

bague

rin'i

boucle d'oreille

mhete

bonnet

kepisi

cintre

hen'a

chapeau

heti

cravate

tai

fermeture éclair

zipi

casque

herumeti

bretelles

mabhandi

uniforme scolaire

yunifomu yekuchikoro

uniforme

yunifomu

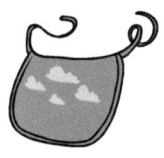

bavoir

chibhibhi

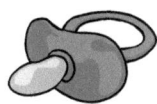

sucette

chidhami

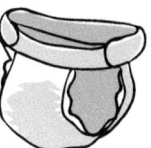

lange

napukeni

bureau
hofisi

serveur
server
armoire d'archivage
kabhineti
imprimante
muchina wekuprindisa
papier
pepa
écran
sikirini
bureau
tafura
souris
mouse
classeur
fayera
clavier
keyboard
corbeille à papier
bhini remapepa
ordinateur
kombiyuta
chaise
cheya

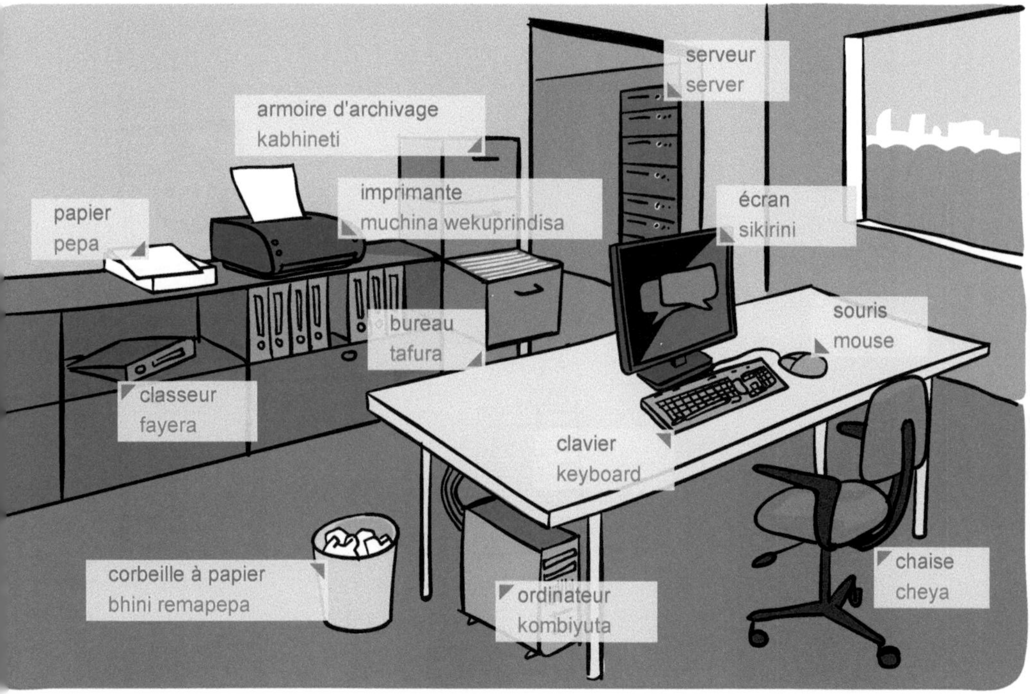

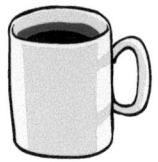

tasse de café

kapu yekofi

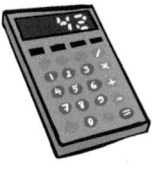

calculatrice

kakureta

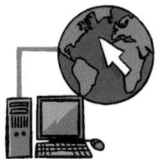

internet

indaneti

ordinateur portable

laptop

lettre

tsamba

message

tsamba

portable

serura

réseau

network

photocopieuse

muchina wekufotokopesa

logiciel

software

téléphone

foni

prise

pekupfekera magetsi

fax

muchina wefax

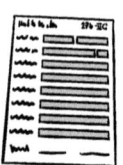

formulaire

fomu

document

gwaro

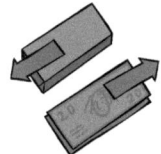

acheter

kutenga

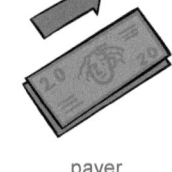

payer

kubhadhara

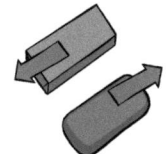

faire du commerce

kutengesa

monnaie

mari

dollar

Dhora

euro

Euro

yen

Yen

rouble

rouble

franc suisse

Swiss franc

renminbi yuan

renminbi yuan

roupie

rupee

distributeur automatique

panobhadharwa

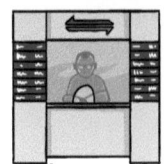

bureau de change

panochinjwa mari

or

goridhe

argent

sirivha

pétrole

mafuta

énergie

magetsi

prix

mutengo

contrat

chibvumirano

taxe

mutero

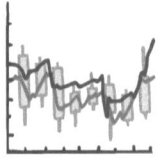

action

masitoku

travailler

kushanda

employé

mushandi

employeur

mushandirwi

usine

fekitari

magasin

chitoro

agent de police
mupurisa

pompier
mudzimi wemoto

cuisinier
mubiki

médecin
chiremba

pilote
mutyairi wendege

jardinier

mushandi wemugadheni

menuisier

muvezi

couturière

mukadzi anosona

juge

mutongi

chimiste

anoita zvemishonga

acteur

ekita

conducteur de bus

mutyairi webhazi

chauffeur de taxi

mutyairi wetaxi

pêcheur

muredzi

femme de ménage

mudzimai anochenesa

couvreur

anogadzira denga

serveur

hweta

chasseur

muvhimi

peintre

anopenda

boulanger

mubiki wechingwa

électricien

mugadziri wemagetsi

ouvrier

muvaki

ingénieur

injiniya

boucher

mushandi wemubhucha

plombier

puramba

facteur

positimeni

soldat

musoja

architecte

anoita mapurani edzimba

caissier

mutengesi

fleuriste

mugadziri wemaruva

coiffeur

mugadziri wemusoro

contrôleur

kondakita

mécanicien

makanika

capitaine

kaputeni

dentiste

chiremba wemazino

scientifique

musayindisti

rabbin

rabbi

imam

imam

moine

mumonk

prêtre

mufundisi

outils
maturusi

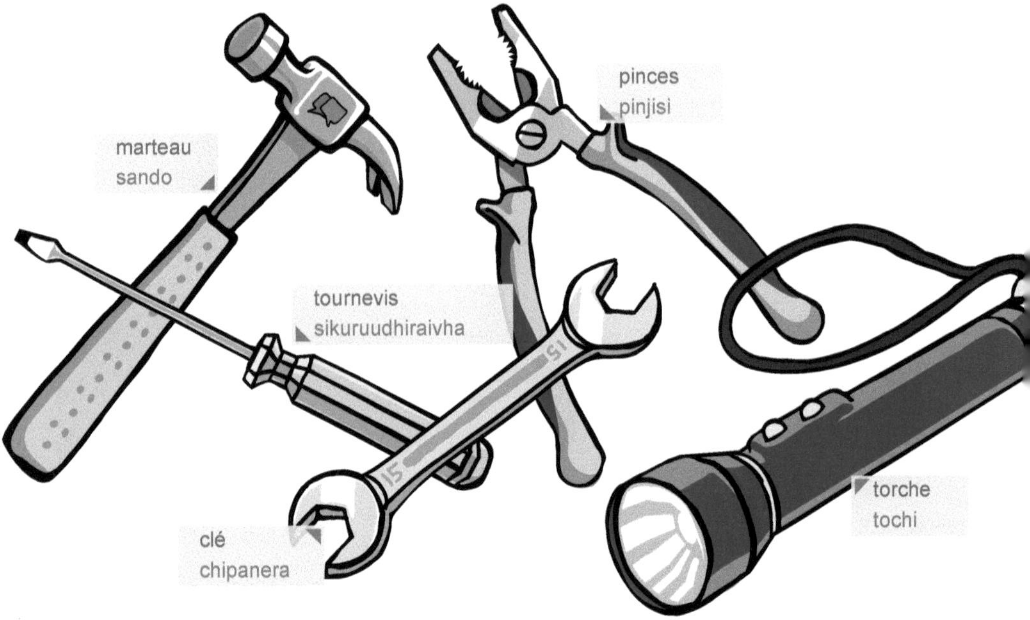

marteau
sando
pinces
pinjisi
tournevis
sikuruudhiraivha
clé
chipanera
torche
tochi

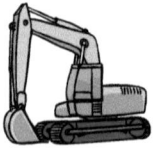

pelleteuse

chikatapira

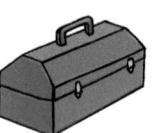

boîte à outils

bhokisi rematurusi

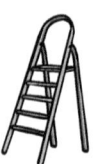

échelle

manera

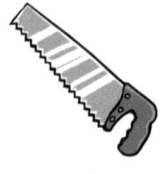

scie

saha

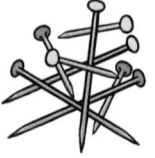

clous

zvipikiri

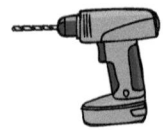

perceuse

chibooreso

réparer

kugadzira

pelle

foshoro

Mince !

Nxa!

pelle

chidyoreso

pot de peinture

gaba rependi

vis

masikuruu

instruments de musique
zviridzwa

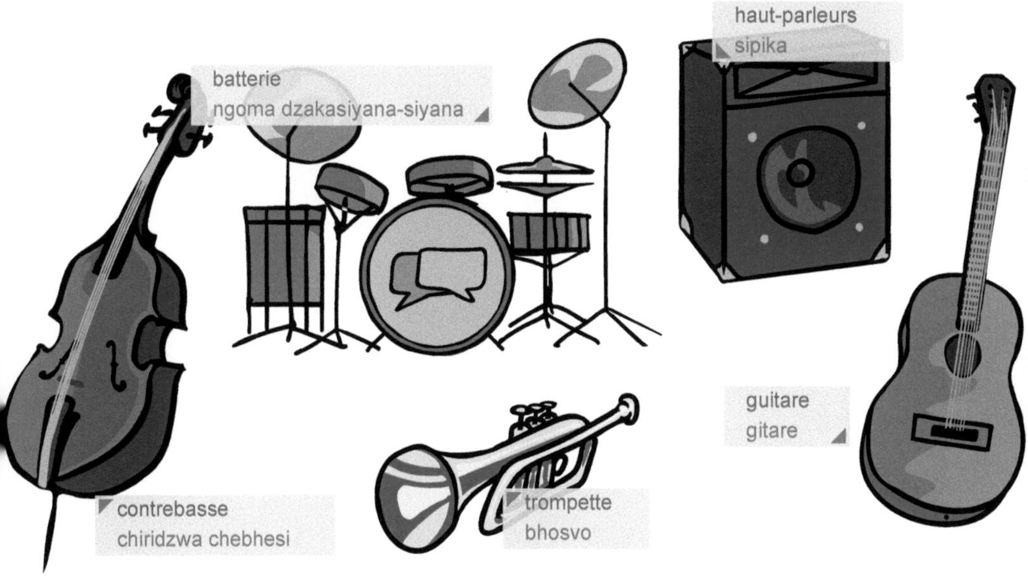

batterie
ngoma dzakasiyana-siyana

haut-parleurs
sipika

guitare
gitare

contrebasse
chiridzwa chebhesi

trompette
bhosvo

piano

piyano

violon

violin

basse

gitare rebhesi

timbales

ngoma

tambour

ngoma

piano électrique

piyano yemagetsi

saxophone

saxophone

flûte

nyere

microphone

maikorofoni

munochengeterwa mhuka

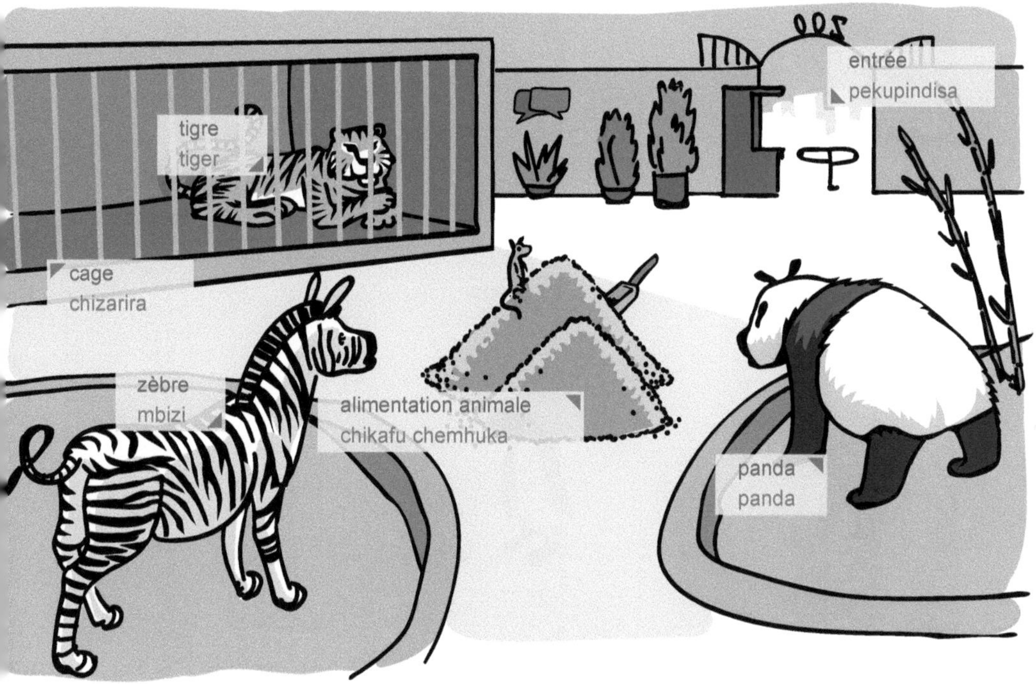

tigre
tiger

entrée
pekupindisa

cage
chizarira

zèbre
mbizi

alimentation animale
chikafu chemhuka

panda
panda

animaux

mhuka

éléphant

nzou

kangourou

kangaruru

rhinocéros

chipembere

gorille

gorilla

ours

bear

chameau

ngamera

autruche

mhou

lion

shumba

singe

tsoko

flamand rose

flamingo

perroquet

parrot

ours polaire

bear rekuchando

pingouin

penguin

requin

shark

paon

pikoko

serpent

nyoka

crocodile

garwe

gardien de zoo

muchengeti wenzvimbo
yemhuka

phoque

seal

jaguar

jaguar

poney

nyurusi

léopard

ingwe

hippopotame

mvuu

girafe

twiza

aigle

gondo

sanglier

nguruve yemusango

poisson

hove

tortue

kamba

morse

walrus

renard

gava

gazelle

nhoro

american Football
bhora rekuAmerica

cyclisme
kuchovha

tennis
tenisi

basket-ball
bhora rebhasiketi

natation
kutuhwina

hockey sur glace
hockey yemuchando

boxe
tsiva

football
nhabvu

badminton
badminton

athlétisme
zvekumhanya

handball
bhora remaoko

ski
kuita ski

polo
polo

activités
mabasa

rire
kuseka
sauter
kusvetuka
embrasser
kumbundira
marcher
kufamba
chanter
kuimba
rêver
kurota
prier
kunyengetera
faire la bise
kutsvoda

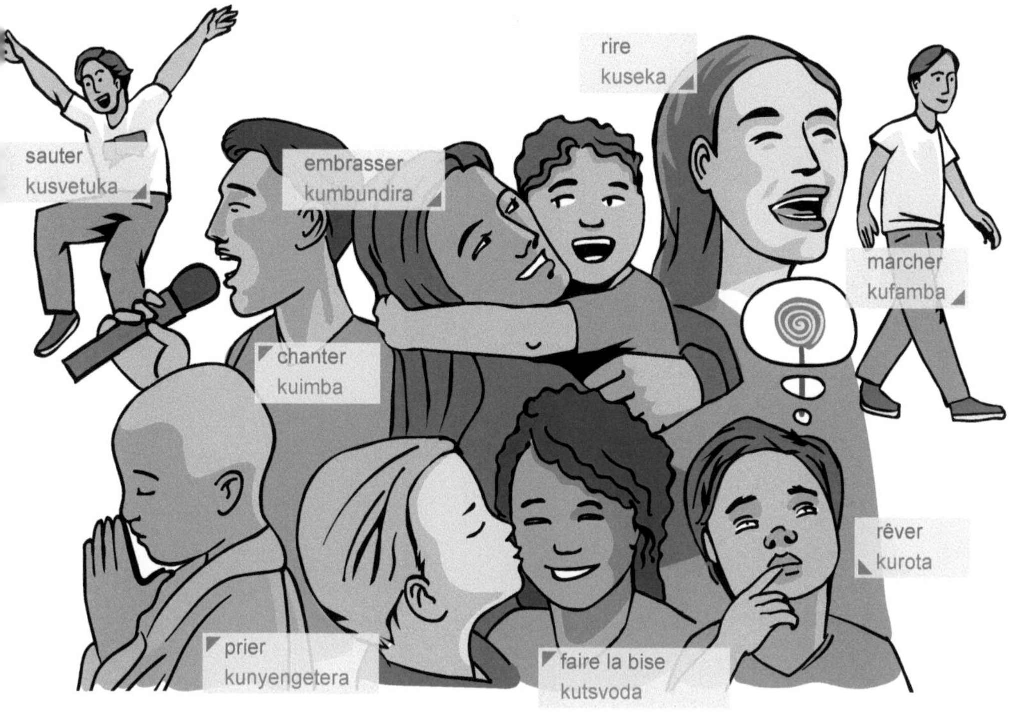

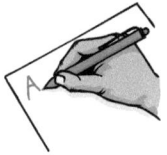

écrire

nyora

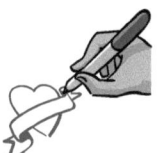

dessiner

kudhirowa

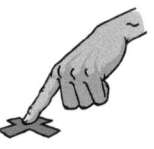

montrer

kuratidza

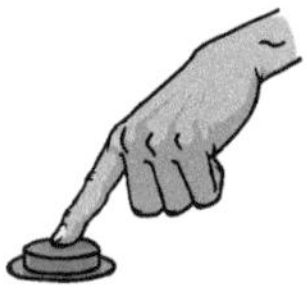

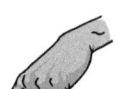

pousser

kusunda

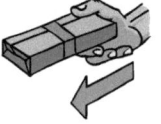

donner

kupa

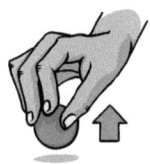

prendre

kutora

avoir

kuva ne

faire

kuita

être

kuva

être debout

kumira

courir

kumhanya

trier

kudhonza

jeter

kukanda

tomber

kudonha

être couché

kurara

attendre

kumirira

porter

kutakura

être assis

kugara

s'habiller

kupfeka

dormir

kurara

se réveiller

kumuka

regarder

kutarisa

pleurer

kuchema

caresser

kupuruzira

peigner

kukama

parler

kutaura

comprendre

kunzwisisa

demander

kubvunza

écouter

kuteerera

boire

kunwa

manger

kudya

ranger

kuchenesa

aimer

kuda

cuire

kubika

conduire

kutyaira

voler

kubhururuka

faire de la voile

kufambiswa nemhepo

calculer

kakureta

lire

kuverenga

apprendre

kudzidza

travailler

kushanda

se marier

kuroora / kuroorwa

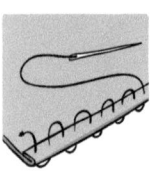

coudre

kusona

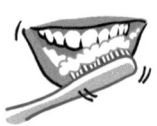

brosser les dents

kukwesha mazino

tuer

kuuraya

fumer

kuputa

envoyer

kutumira

famille
mhuri

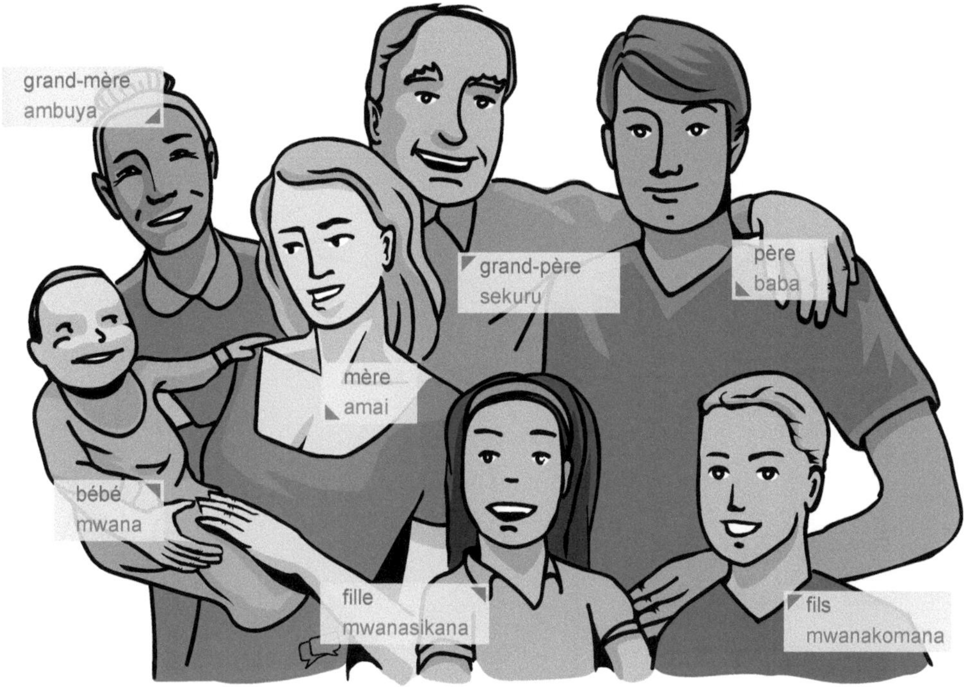
grand-mère
ambuya
grand-père
sekuru
père
baba
mère
amai
bébé
mwana
fille
mwanasikana
fils
mwanakomana

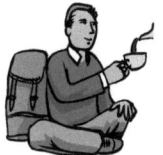

hôte

muenzi

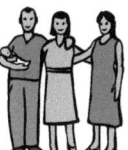

tante

tete

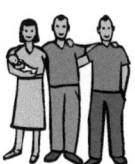

oncle

sekuru

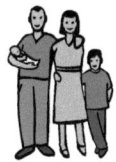

frère

hanzvadzikomana

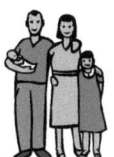

sœur

hanzvadzisikana

corps
muviri

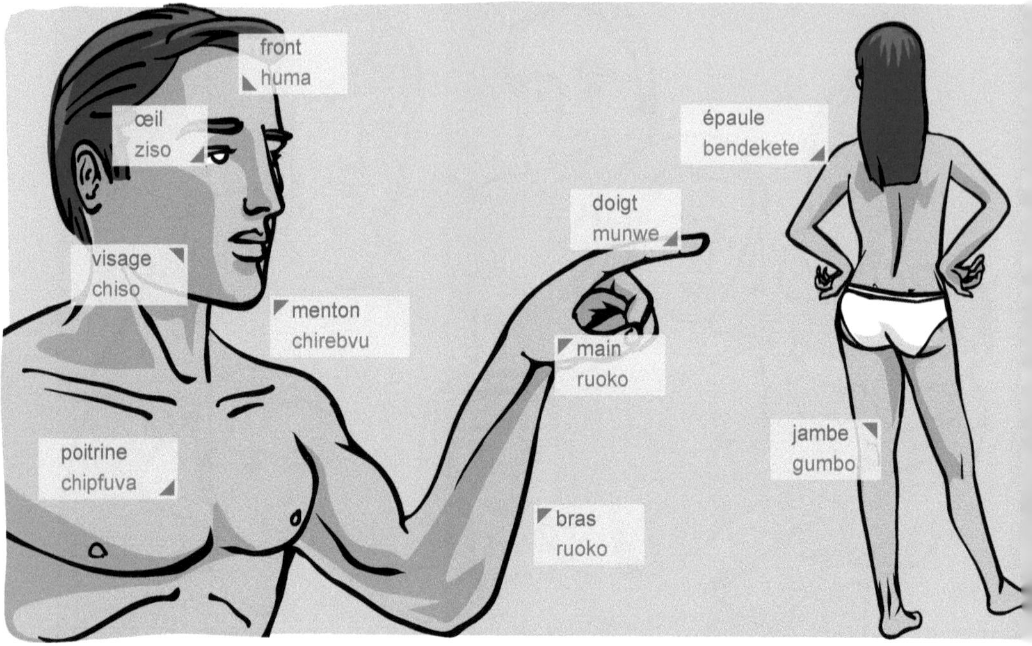
front
huma
œil
ziso
épaule
bendekete
doigt
munwe
visage
chiso
menton
chirebvu
main
ruoko
jambe
gumbo
poitrine
chipfuva
bras
ruoko

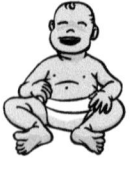

bébé

mwana

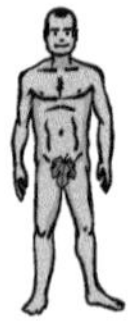

homme

murume

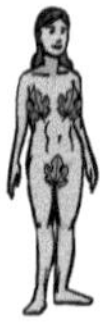

femme

mukadzi

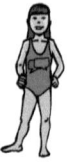

fille

musikana

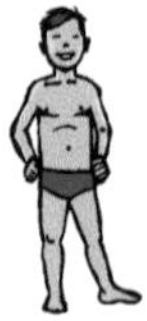

garçon

mukomana

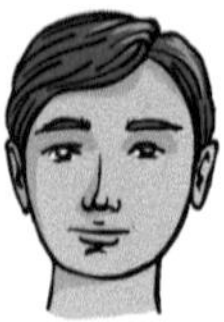

tête

musoro

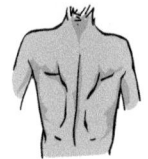

dos

musana

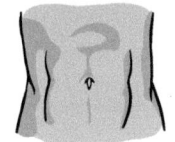

ventre

dumbu

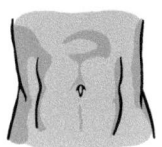

nombril

guvhu

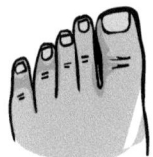

orteil

chigunwe

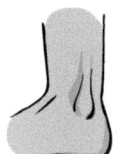

talon

chitsitsinho

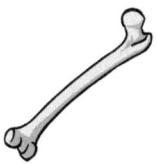

os

bhonzo

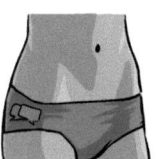

hanche

hudyu

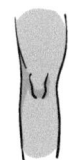

genou

ibvi

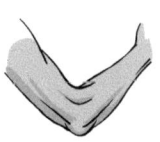

coude

gokora

nez

mhino

fesses

garo

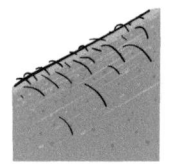

peau

ganda

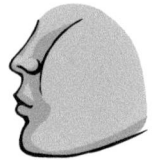

joue

dama

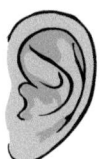

oreille

nzeve

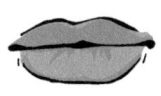

lèvre

muromo

bouche

mukanwa

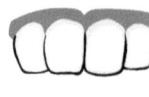

dent

zino

langue

rurimi

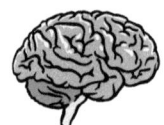

cerveau

uropi

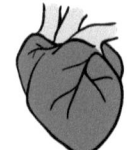

cœur

mwoyo

muscle

tsandanyama

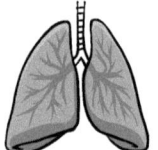

poumons

bapu

foie

chitaka

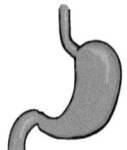

estomac

dumbu

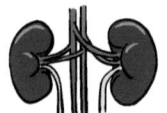

reins

itsvo

rapport sexuel

kuita bonde

préservatif

kondomu

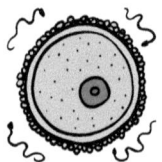

ovule

zai

sperme

urume

grossesse

nhumbu

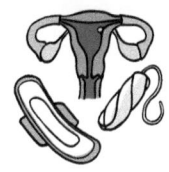

menstruation

kuenda kumwedzi

vagin

sikarudzi

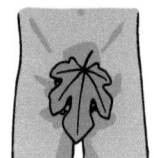

pénis

mboro

sourcil

tsiye

cheveux

bvudzi

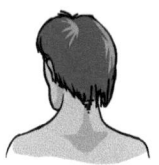

cou

mutsipa

hôpital
chipatara

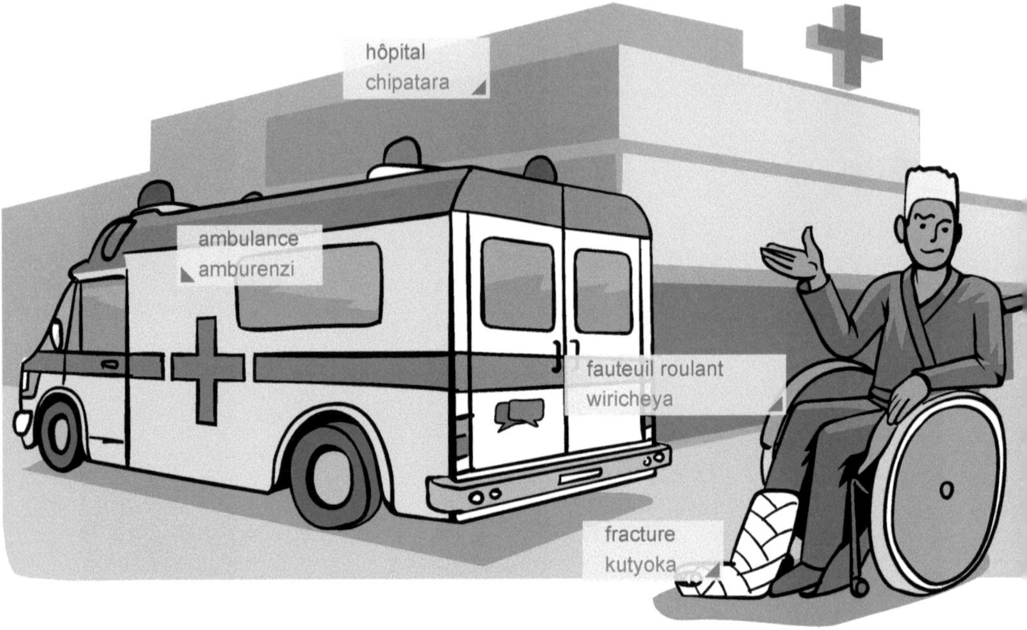

hôpital
chipatara
ambulance
amburenzi
fauteuil roulant
wiricheya
fracture
kutyoka

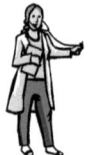

médecin

chiremba

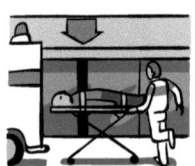

service des urgences

imba yerubatsiro

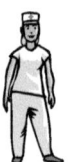

infirmière

nesi

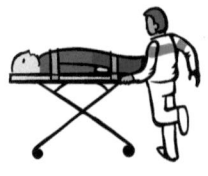

urgence

zvekukurumidza

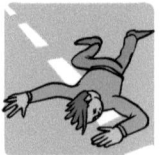

inconscient

kufenda

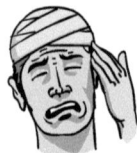

douleur

rwadza

blessure
....
kukuvara

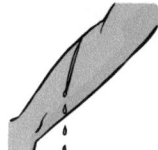
hémorragie
....
kubuda ropa

crise cardiaque
....
kuerekana mwoyo
usisashandi

attaque cérébrale
....
kuoma rutivi

allergie
....
zvinorwarisa

toux
....
chikosoro

fièvre
....
fivha

grippe
....
furuu

diarrhée
....
manyoka

mal de tête
....
kutemwa nemusoro

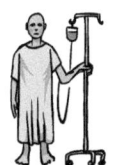
cancer
....
mhuka

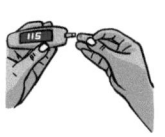
diabète
....
chirwere cheshuga

chirurgien
....
muvhiyi

scalpel
....
kabanga keoparesheni

opération
....
oparesheni

CT

CT

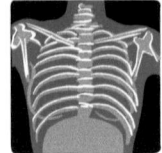

radiographie

x-ray

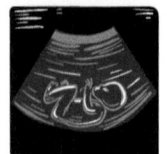

échographie

ultrasound

masque

chekuvharisa mhino nemuromo

maladie

chirwere

salle d'attente

mekumirira kurapiwa

béquille

chidhondoro

pansement

purasita

pansement

bhandiji

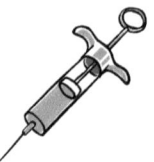

injection

jekiseni

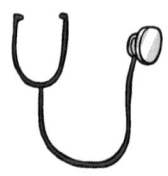

stéthoscope

chekuteerera nacho mukati

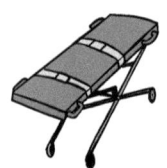

brancard

kamubhedha kemurwere

thermomètre

chekutoresa nacho tembiricha

accouchement

kuzvara

surcharge pondérale

kufuta

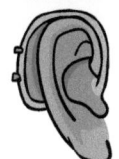

appareil auditif

chekubatsira kunzwa

désinfectant

mushonga unouraya
utachiona

infection

utachiona

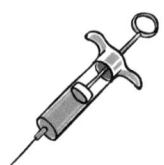

virus

vhairasi

VIH / sida

HIV / AIDS

médicament

mushonga

vaccination

kudzivirira zvirwere

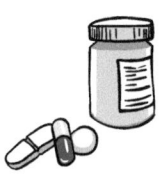

comprimés

mapiritsi

pilule

piritsi

appel d'urgence

kufonera rubatsiro ipapo
ipapo

tensiomètre

muchina wekuyeresa BP

malade / sain

kurwara / kugwinya

Au secours !

Maiwe!

alarme

bhero

assaut

kurwisa

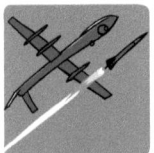

attaque

kurwisa

danger

ngozi

sortie de secours

pekupuda napo zvechimbi-
chimbi

Au feu!

Moto!

extincteur

chekudzimisa moto

accident

tsaona

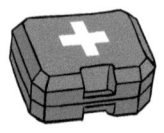

trousse de premier secours

zvinhu zvefirst aid

SOS

SOS

police

mapurisa

Europe

Europe

Amérique du Nord

Kuchamhembe kweAmerica

Amérique du Sud

Kumaodzanyemba
kweAmerica

Afrique

Africa

Asie

Asia

Australie

Australia

Océan atlantique

Atlantic

Océan pacifique

Pacific

Océan indien

Nyanza yeIndia

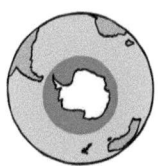

Océan antarctique

Nyanza yeAntarctic

Océan arctique

Nyanza yeArctic

pôle nord

Kuchamhembe

pôle sud

Kumaodzanyemba

Antarctique

Antarctica

terre

Nyika

pays

nyika

mer

gungwa

île

chitsuwa

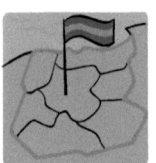

nation

nyika

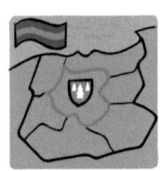

état

nyika

cadran
wachi

aiguille des heures
chinongedza awa

aiguille des minutes
chinongedza miniti

aiguille des secondes
chinongedza masekondi

Quelle heure est-il ?
Inguvai?

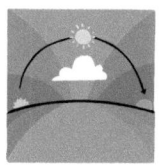

jour
zuva

temps
nguva

maintenant
izvozvi

montre digitale
wachi yemanhamba

minute
miniti

heure
awa

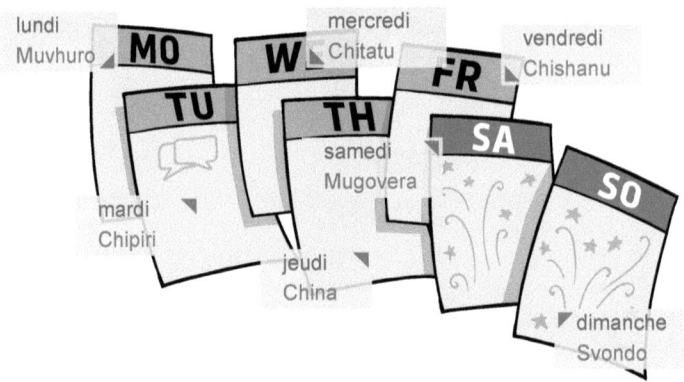

lundi
Muvhuro

mercredi
Chitatu

vendredi
Chishanu

mardi
Chipiri

samedi
Mugovera

jeudi
China

dimanche
Svondo

hier

nezuro

aujourd'hui

nhasi

demain

mangwana

matin

mangwanani

midi

masikati

soir

manheru

MO	TU	WE	TH	FR	SA	SU
1	2	3	4	5	6	7
8	9	10	11	12	13	14
15	16	17	18	19	20	21
22	23	24	25	26	27	28
29	30	31	1	2	3	4

jours ouvrables

mazuva ebasa

MO	TU	WE	TH	FR	SA	SU
1	2	3	4	5	6	7
8	9	10	11	12	13	14
15	16	17	18	19	20	21
22	23	24	25	26	27	28
29	30	31	1	2	3	4

week-end

kupera kwevhiki

année

gore

pluie
mvura
arc-en-ciel
muraraungu
neige
chando
vent
mhepo
printemps
chirimo
automne
matsutso
été
zhizha
hiver
chando

4.APRIL 11°
5.APRIL 4°
6.APRIL 13°
7.APRIL 8°
8.APRIL 10°

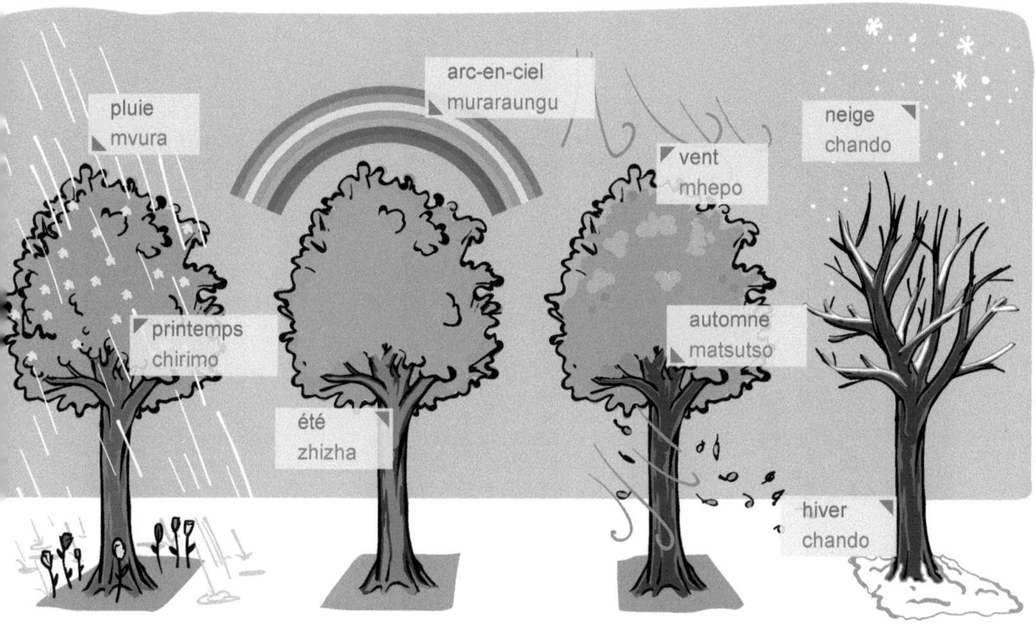

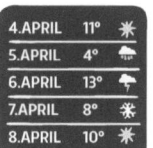

météo

mamiriro ekunze anofungidzirwa

F C
120 40
90 30
60 20
30 10
0 0
-30 -10
-20

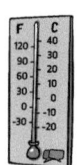

thermomètre

chekutoresa tembiricha

lumière du soleil

zuva

nuage

makore

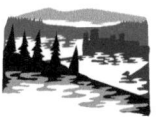

brouillard

mhute

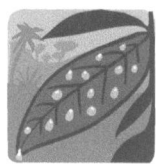

humidité

hunyoro

foudre

mheni

tonnerre

kutinhira

tempête

dutu

grêle

chivhuramabwe

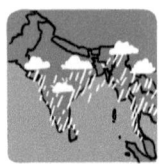

mousson

mhepo ine mvura

inondation

mafashamo

glace

mazaya echando

janvier

Ndira

février

Kukadzi

mars

Kurume

avril

Kubvumbi

mai

Chivabvu

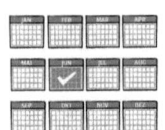

juin

Chikumi

juillet

Chikunguru

août

Nyamavhuvhu

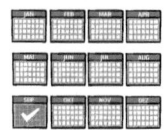

septembre
....
Gunyana

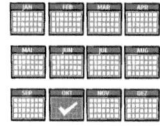

octobre
....
Gumiguru

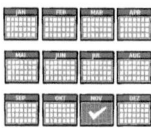

novembre
....
Mbudzi

décembre
....
Zvita

formes

mashepu

cercle
....
denderedzwa

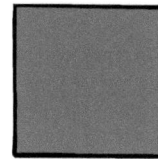

carré
....
sikweya

rectangle
....
rectangle

triangle
....
triangle

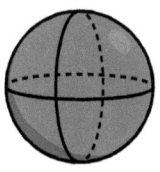

sphère
....
bhora

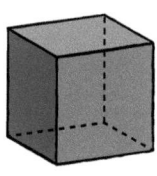

cube
....
bhokisi

blanc
....
chena

jaune
....
yero

orange
....
orenji

rose
....
pingi

rouge
....
tsvuku

violet
....
pepuru

bleu
....
bhuruu

vert
....
girini

marron
....
kaki

gris
....
gireyi

noir
....
nhema

beaucoup / peu

zvakawanda / zvishoma

fâché / calme

hasha / dzikama

joli / laid

naka / shata

début / fin

kutanga / kuguma

grand / petit

hombe / diki

clair / obscure

jeka / rima

frère / soeur

hanzvadzikomana /
hanzvadzisikana

propre / sale

chena / sviba

complet / incomplet

kwana / kusakwana

jour / nuit

masikati / usiku

mort / vivant

yakafa / mhenyu

large / étroit

pamhamha / tetepa

comestible / incomestible

unodyiwa / haudyiwi

méchant / gentil

utsinye / mutsa

excité / ennuyé

kunakidzwa / kufinhwa

gros / mince

kobvuka / tetepa

premier / dernier

kutanga / kupedzisira

ami / ennemi

shamwari / muvengi

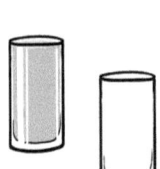

plein / vide

rakazara / hairina kuzara

dur / souple

oma / pfava

lourd / léger

rema / reruka

faim / soif

nzara / nyota

malade / sain

kurwara / kugwinya

illégal / légal

zvisiri pamutemo / zviri
pamutemo

intelligent / stupide

kungwara / kupusa

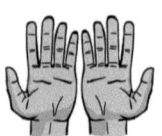

gauche / droite

ruboshwe / rudyi

proche / loin

pedyo / kure

nouveau / usé

matsva / matsaru

rien / quelque chose

hapana / chiripo

vieux / jeune

kuru / duku

marche / arrêt

batidza/dzima

ouvert / fermé

vhurika / vharika

faible / fort

nyarara / ruzha

riche / pauvre

mupfumi / murombo

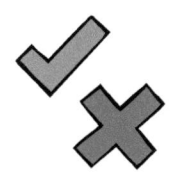

correct / incorrect

chakanaka / chakaipa

rugueux / lisse

kukasharara /
kutsvedzerera

triste / heureux

kusuwa / kufara

court / long

pfupi / refu

lent / rapide

nonoka / kurumidza

mouillé / sec

nyoro / oma

chaud / froid

dziya / tonhora

guerre / paix

hondo / rugare

0

zéro

zero

1

un / une

potsi

2

deux

piri

3

trois

tatu

4

quatre

ina

5

cinq

shanu

6

six

nhanhatu

7

sept

nomwe

8

huit

sere

9

neuf

pfumbamwe

10

dix

gumi

11

onze

gumi neimwe

12
douze

gumi nembiri

13
treize

gumi netatu

14
quatorze

gumi neina

15
quinze

gumi neshanu

16
seize

gumi nenhanhatu

17
dix-sept

gumi nenomwe

18
dix-huit

gumi nesere

19
dix-neuf

gumi nepfumbamwe

20
vingt

makumi maviri

100
cent

zana

1.000
mille

chiuru

1.000.000
million

miriyoni

anglais

Chirungu

anglais américain

Chirungu chekuAmerica

chinois mandarin

Mandarin yekuChina

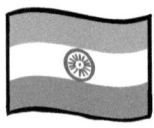

hindi

ChiHindi

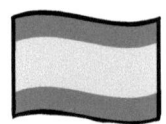

espagnol

ChiSpanish

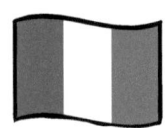

français

ChiFrench

arabe

ChiArabic

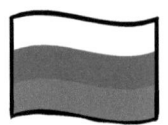

russe

ChiRussian

portugais

ChiPortuguese

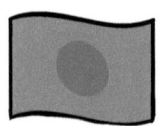

bengali

ChiBengali

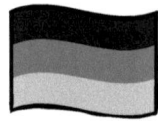

allemand

ChiGerman

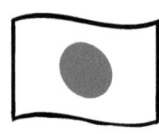

japonais

ChiJapanese

je

ini

tu

iwe / imi

il / elle / ce, c', cela

iye

nous

isu

vous

imi

ils / elles

ivo

Qui ?

ani?

Quoi ?

chii?

Comment ?

sei?

Où ?

kupi?

Quand ?

riini?

nom

zita

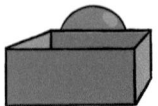

derrière

seri

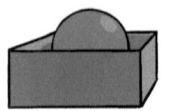

dans

mukati

devant

pamberi

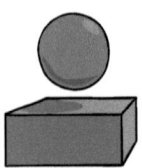

au-dessus

nepamusoro

sur

pamusoro

en-dessous

pasi

à côté de

divi

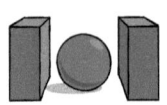

entre

pakati

lieu

nzvimbo